# Rho Ho-Yul

시인 나호열

# 눈물이 시킨 일

시인 나호열

1953년 출생

http://blog.daum.net/prhy0801
E-mail: prhy0801@khu.ac.kr

눈물이 시킨 일

지은이 | 나호열
펴낸이 | 김재돈
펴낸곳 | 도서출판 시와시학
1판1쇄 | 2011년 1월 30일
출판등록 | 2010년 8월 10일
등록번호 | 제2010-000036호
주소 | 서울 종로구 명륜동1가 42
전화 | 744-0110
FAX | 3672-2674

값 8,000원

ISBN 978-89-953432-9-6 03810

나호열 시집

# 눈물이 시킨 일

시학
Poetics

■ 시인의 말

길이 아니면 가지 말라고 하였다
생각해 보니 길 아닌 길을 너무 오래 걸었다
타인에게는 샛길이며 뒷길에 불과하지만
나는, 환하다

2010년 겨울
나호열

# 차례



## 제1부 거룩한 환생

## 제2부 참, 멀다

## 제3부 옛사랑을 추억함

## 제4부 봄의 가면

# 제1부

# 거룩한 환생

# 어록語錄

아침 아홉시 반에 떠난 봉고차는
저녁 다시 반에 다시 그 자리로 돌아온다
환갑이 다 된 아들은 바람을 피해
한 번도 울음소리 들리지 않는 공중전화 박스 안에서
발자국을 세고 있다
가끔은 길을 잃어버리고
자주 배고픔을 잊어버리는 아득한 거리
얘, 날도 추운데 나와서 기다리지 마라
치매 걸린 노인네들이나 그러는 일이지
뿌리 허옇게 드러낸 고목이 겨우내 붙잡고 있던
허공이 우르르 무너지는 저녁이다

# 파문波紋

쪼글거리는 나를 보고 방긋거리는 어린 아기의 웃음이
가슴에 물큰 닿는다
말을 배우기 전에
말의 씨앗이 꽃이라는 것을
부드럽게 구름과 구름이 만나듯이
잔물결이 일어난다

뿌리째 고스란히 뽑혀 어디론가
높은 고개를 넘어가던
소나무의 정적이 저만큼 푸를까

이 세상의 모든 말들은
꽃에서 태어나서 가슴에서 죽는다
어리석은 사람은 말을 가르치지만
그래서 침묵을 배우는 일은 더디고 힘든 일

호수에 내려앉은 산봉우리

구름 몇 점을 건지려 손 내밀 때
잔물결들은 그때마다
검은 음반의 여러 겹 파인 골을 이루며
거미줄처럼 은밀하게 몸 위로 내려앉는다

어린 아기의 첫 웃음이
주름살 덮혀 가는 몸속에서
침묵의 혀로 번역될 때까지
아직 바람은 노래가 되지 못한다
길이 되지 못한다

# 숲

아빠가 말했다
우리 애는 학예회 내내 주인공이었어요
글쎄, 처음부터 끝까지 배경으로 서 있는
나무였다니까요

엄마가 말했다
나무를 두 팔로 안아 봐
그리고 나무에 귀를 대고
나무가 너에게 뭐라고 말하는지
들어 봐

아이가 말했다
나무가 사랑해, 라고 말했어요

# 눈물이 시킨 일

한 구절씩 읽어 가는 경전은 어디에서 끝날까
경전이 끝날 때쯤이면 무엇을 얻을까
하루가 지나면 하루가 지워지고
꿈을 세우면 또 하루를 못 견디게
허물어 버리는,
그러나
저 산을 억만년 끄떡없이 세우는 힘
바다를 하염없이 살아 요동치게 하는 힘
경전은 완성이 아니라
생의 시작을 알리는 새벽의 푸르름처럼
언제나 내 머리맡에 놓여 있다
나는 다시 경전을 거꾸로 읽기 시작한다
사랑이 내게 시킨 일이다

# 무지개는 밤에 뜨지 않는다

처음이 없으니 끝이 없고
입구가 없으니 출구가 없고
이쪽에서 보면 저쪽이고
저쪽에 서 있으면 이쪽인 곳
손을 뻗어
빛과 물이 맞잡은 순간
허공에 다리가 걸렸다
너무 가파르고 외줄이었던 그 다리
조금 휘어 둥그러질 때
우리는 짧은 해를 기억하지 못했던 것
이제는 밤길이 깊다

# 불꽃

나는 아직 모른다
불이 꽃인지 아니면, 꽃이
불인지 모르면서 나는 불꽃이라고
성급하게 너를 잡는다
물이 깊은지 흘러가는 것인지
물수제비뜨려고 돌멩이 하나 쥐어드는 순간
어디서 굴러왔는지 아니, 어디서 그렇게
짓눌리며 살아왔는지 납작하게
그 얼굴 낯이 익다
어느 날인가 끓어오르다 못해
분화구를 뛰쳐나오던 불들이
잠깐 허공에 꽃으로 피었다가
굳어 버린 웃음을 주름으로 새긴
돌멩이 하나에도 상처가 깊다
내 손금 위에 부드럽게 얹히는
한때는 불이었고 꽃이었던
그러나 이 세상에는 볼 수 없는 불꽃을
강물은 적막하게 점자로 읽고 있다

# 조롱 밖의 새

간밤의 두통은 문을 두드리는
부리로 쪼아 대는 듯한 그대의 절규 때문이다
내 안에 있는데 밖에서 열 수밖에 없는 문고리는
팔이 닿지 않았기 때문이다
소량의 물과
한 움큼도 안 되는 양식과
차양막 사이로 간간히 들어오는 햇빛
그대는 수인처럼 내 속에서 울었다
그때마다 전설이 송두리째 사라져 버린
숲을 생각하고
상쾌한 아침을 꿈꾸었다
두통이 그치고
울음이 그치고
간밤의 절규는 빈 밥통과
물통이 스스로 소리 내었던 것
나를 벗어나
날아가지 못하는 꿈은
쓰레기통 속으로 조용히 처박히고 있다

## 독과 약, 또는 독약

나란히 있다
아니 서로를 서로 속에 감추며
독도 약이 될 수 있는지
약도 독이 될 수 있는지
치사량을 가늠할 수 없다

저 붉은 사과
나는 금단의 붉음과
둥긂을 입맛 다시며
절체절명의 순간을 겨누고 있다

저 원융圓融 속에 이빨이 박히는 순간
찌르르 내 생을 가르며 지나갈
독이 든 사과를 향해
으르렁거리고 있다

## 거룩한 환생

오래되었다
사랑도 없이 먹먹한 세월이
설렘을 곰삭혔을까
그와 함께 있다는 것이 부끄럽고
역겨울 때
액자 안에서 멋쩍게 웃고 있는 시선이
허공을 떠도는 먼지 같을 때
슬며시 다가오는 기억 같은 것
훔치고 닦아 내면서 진저리치는 까닭에
언제나 마지막 뒤처리는
깨끗이
깨끗이 손을 닦는 일

한때는 황홀한 알몸을 애무하고
자물쇠도 없는 그곳을
장미로 피어나게 하던 그가
오래전 걸레가 되었다

걸레가 없다면
지난밤의 얼룩과 더러운 눈물을
누가 지울까
그리하여 이 말은 욕이 아니다

걸레 같은 놈!

# 운동 후기
— 노동이 너를 자유롭게 하리라Arbeit Macht Frei*

몸에서 화약 냄새가 지워지지 않는 것은
그해 시월 때문이다
놀이와 노동 사이에서 태어난 나는
늘 힘이 모자랐다
낙하하는 포탄의 작열과
가지에서 떨어지는 벚꽃의 아우성이
피와 살의 힘
나는 빗나간 화약으로 태어났던 것이다

헤아릴 수 없이 많은 꽃들이 진 만큼
또 수없이 많은 꽃들이 피어났던 까닭에
우리는 놀이와 노동의 근친을 잊었다
희미하게 남아 있는 홍조 그 부끄러움은
무거운 짐을 나르는 한 사내의 불끈거리는
팔뚝의 힘줄을 볼 때 더하다

* 폴란드 아우슈비츠 유태인 수용소 정문에 아치로 걸려 있는 문구.

앞으로 밀고, 잡아당기고, 위로 올리고
걷고 뛰면서
나는 한 사내를 이기고 싶다
누가 노동이 자유롭게 한다고 했는가
짐승의 시간이 초식의 슬픔을 잘게 부술 때
땀은 화약 냄새를 짙게 풍긴다

지금 내가 들어 올리는 것은
0그램의 허무
깊은 날숨이다

# 추억하는 소

되새김질을 하는
소의 입
진득하게 흐르는 침과
어쩐지 외로워 보이는 입의 근육들과
간간히 보이는 누런 이빨

소는 늘 엉거주춤 서 있다
벌준 사람은 없는데
스스로 벌 서는

추억의 힘!

# 말[馬]의 습성

오래되었지만 질주의 기품이 남아 있었다
오래되었지만 멀리 가지 않았던 까닭
눈빛은 그래서 맑고 차다
그 옆에 오래되지 않았지만
먼 곳을 휘둘러 온 평발
움직일 때마다 불평과 잡소리가 나는
내가 서 있을 때
은장도로 제 속을 베어 내어 낸 나이테로
제 몸을 묶은 나무와
마음을 허물어뜨려 집을 잃은 바람이
나누는 대화를 들었다

오래된, 그러나 결코 낡은 것이 아닌
어떤 차 혹은 가 보지 않은 길

# 두루마리 휴지

홀연히 사라졌던
일주문

배롱나무가 또 허물을 벗는지
뜰아래 연못에
그림자 떠 있다

일주문과
배롱나무와
연못은 전생이 같다
세월을 감았다
풀었다

올록볼록 가득한 주름살은
눈물의 어둠을 닦기 편하다

# 강물 위를 걷다

하루 종일 강물 위를 걸었는데
발바닥에 티눈이 박였다
흘러가는 것들이 내게 남긴 발자국일까

걸으면서
아프면서 웃는 연습
웃음이 절뚝거린다

## 밤과 꿈

대체로 지상에 별 볼일 없는 사람들이
늦은 밤하늘을 바라본다
검은 도화지에 무엇을 그릴 수 있나
망망하게 모르는 사람들 눈빛이 마주칠 때
비로소 태어나는 별들
소름 돋듯 시름 위에 얹히고
멀기는 하지만
손에 잡히지는 않지만
깊은 동굴 속에서 희미하게 바라보이는
아득하기는 하여도
그 점들이 길고도 짧은 생을 빠져나가는 출구이기에
이 밤은 아직 넉넉하다
여기저기 부싯돌 부딪는 소리 은은한 이 밤은

제2부

# 참, 멀다

# 안개의 바다

밤이 그토록 깊었던 까닭을
길을 잡고 나서야 알 것 같았다
출렁거렸고 아득한 멀미에 잠 이루지 못했던
꽃봉오리의 개화를 문득 깨닫게 되었다

덕산에서 면천, 면천에서 당진으로 가는 길
꽃향기가 빛을 내고 그 빛이 바다를 이루고
섬처럼 마을이 옆구리를 스쳐 지나가고
몇 번인가 길을 놓치고 이윽고 편하게
발걸음을 그 빛 위에 올려놓자
비로소 한 자루의 촛불로도 세상이 눈물 나는 것임을
느린 걸음으로 마주치고 말았던 것
그윽하게 한 걸음씩 몇 갈피의 긴 이야기를
먼 곳으로 내밀어 두어도 아깝지 않은
안개의 바다

# 세렝게티의 추억

무엇으로 나를 부르든 상관이 없다
스스로 사냥을 하지 못하여
이글거리는 하늘을 배회하는 대머리독수리
무방비로 강을 건너는 누 떼의 발목을 잡는
흉측한 악어
게으르게 게으르게 암놈이 차려 놓은 성찬에
윗자리를 차지하는 수사자
제 자식이 잡아먹혀도 눈만 멀뚱거리는
톰슨가젤
혼자서는 도저히 살아가지 못하는
하이에나
그 무엇으로 나를 바라보아도 어쩔 수 없다
평화로운 한 장의 그림엽서
광대한 초원의 한낮 같은 매일을 뜯어내면서
인화되지 않은 꿈의 이면을 들여다본다

먹고 먹히되
승자와 패자가 없는 곳

서로가 서로의 양식으로
몸을 내어주는 곳
값싼 동정의 눈물이 조금도 용납되지 않는 곳

## 낭만에 대하여

낭만이라는 찻집은 바닷가에 있다
방파제 끝까지 가지 않는 사람들을 위해
문은 항상 열려 있다
대부분 서서 있게 마련이지만
음악은 늘 신선하다
적당한 소금기를 머금은 바람처럼
테이프는 조금 늘어져 있다
며칠씩 묵고 가는 사람은 없다
밀물이 오면 지워지는 발자국 몇 개 남기고
갯바위에 붙은 따개비를 헤적거리다가
추억 속에 노을을 엎지르고 황급히 길을 되짚는다
아무것도 가질 수 없는 사람들에게는
끝이 보이지만
빈 그물 속에 끌려 들어온 바다를
버리지 못해 한평생 끌탕을 하는 어부들에게
수평선은 보이지 않는다
사람들은 방파제 끝까지 가지 않지만
방파제 끝이 바다의 시작인 것을

낭만이라는 찻집은 바닷가에 없다

# 고사리 꺾기

— 제주도 기행 · 5

맛은 없지만
밥상에 오르지 않으면 왠지 서운한
고사리 꺾으러 간다
새벽 해 뜨기 전이라야
찔레 덩굴 속이나 풀섶에 숨어 있는
고놈이 보인다는데
내 눈엔 그 풀이 그 풀 같다
대궁을 잘라도 여덟 번 아홉 번
순을 올린다는 오기가
나에게는 없다
뽑히기를 평생 바랐으나
수많은 군중 속에 하나에 불과한 것이
행인가 불행인가
문득 이 세상 모든 나무의 시조가
바다에서 올라온 고사리라는 진화론의 한 구절이
전생을 스치고 지나는 순간
꼿꼿한 고사리들이 불쑥 돋아 올랐다
소도 말도 먹지 않는다는 고사리
나도 덤불 속에 몸을 숨겼다

# 저 소나무
— 제주도 기행 · 7

말하자면 무턱대고 우리가 세상에 내린 것처럼
정류장에서 한참을 걷다 보니 입산을 결심했던 것
길에는 바름과 그름이 없으므로
산길이 시작되는 곳까지 따라온 공동묘지는
덧없는 시간의 비석에 불과했다
그러니까 그 산에는 절이 없었다
바다가 한눈에 보이고
돌아서면 산이 가로막았던 곳
나는 발목을 묻었다
고요히 절간이 되어 가기로 한 것은 아니었으나
용케 허리가 휘지 않은 것은 저 채찍질
산과 바다 바람이 밤낮으로 나를 후려쳤기 때문이다
새가 날아와서 잠시 머물렀으나 집은 아니라 했고
산꾼들도 고단한 등허리를 내밀지 않았다
독야청청은 내가 바란 바는 아니었으나
맞은 매만큼 독이 올랐다
그대들은 모른다
날름거리는 혀가 겨냥하는 푸른 하늘

똬리를 튼 채로 허물을 벗으려 안간힘 쓰는
서서 우는 뱀의 꿈을 해독하지 못한다
속이 텅 빈
저 소나무

## 오름, 그 여자
— 제주도 기행 · 9

달빛, 별빛, 햇빛
빛이란 빛은 모두 빨아들여 팽팽해진
하늘을 겨눈 활시위처럼
단단하게 여문 눈물을
제 발 밑에 던져 놓는 소나무처럼
단걸음에 내쳐 올라오라고
알몸으로 누운 여자

가볍게 보지 마라
투명한 거미줄이 우주 하나를 옭아매듯이
바람의 길 첩첩하여
끝내 찾지 못하리니

이미 늦었다
네가 태어나기 전에 너를 사랑했다고
외마디 피울음 쏟아 내고 난 후
말문을 닫았다
가슴을 닫았다

억새 흩날리는

저 아득한 분화구

# 종점의 추억

가끔은 종점을 막장으로 읽기도 하지만
나에게 종점은 밖으로 미는 문이었다

자정 가까이
쿨럭거리며 기침 토하듯 취객을 내려놓을 때
끝내 아버지는 돌아오지 않았지만
귀잠 들지 못하고 움츠려 서서
질긴 어둠을 씹으며 새벽을 기다리는 버스는
늘 즐거운 꿈을 선사해 주었다

어디론가 떠나는 것이 얼마나 큰 설렘인가
서강행西江行 이름표를 단 버스는
발자국을 남기지 않고 유년을 떠나갔지만
서강은 출렁거리며 내 숨결을 돋우었다

그곳에 가면 아버지를 만날까
이윽고 내가 서강에 닿았을 때
그곳 또한 종점이었음을 알게 되었을 때

내 몸에 잠들어 있던 아버지가
새살처럼 돋아 올랐다

아버지의 이름으로 내가 말한다
이 세상에 종점은 없다

## 울퉁불퉁 씨氏

쌀 한 가마를 두 손으로 번쩍 드는
울퉁불퉁 씨가 운동을 하는 시간에는
모두가 움츠린 초식동물이 된다
씩씩거리는 숨소리가 용암이 솟구쳐 오르듯
움직일 때마다 근육이 터질 듯하다

울퉁불퉁 씨 운동을 하다 말고
화장실로 뛰어간다
쏴아쏴아 수돗물 소리가 왠지 울먹거린다

강가에는 왜 갔노
죽을라꼬 갔드나 니 없는 하루하루가 지옥이더라
물속으로 들어가지 마래이
니 없으니 내사 살맛 안 난다
죽지 마래이
내 아프로 잘할 끼다 증말이다 아프로 아프로
니 맘 안 아프게 할 끼다
퍼뜩 오니라 사랑한데이

코뿔소가 우는 걸 처음 봤다
코뿔소는 콸콸 그렇게 운다
수돗물 터지는 소리가 난다

저 터질 듯한 이두박근 삼두박근이
오라지게 큰 저 가슴이
종알종알 울음보따리인 것을
이제야 알겠다
왜 목에다 휴대전화기를 오랏줄처럼
매달고 있었는지 이제 알겠다

# 가운데 토막

걸어서 하늘까지 간 사람들이 있다
시간의 화구火口를 지나가기 위해서
신발을 벗고 더 이상 험로는 없다고
안경을 집어 던졌다
생명을 축약한 푸른 연기 때문에
하늘이 더욱 깊어진다는 것이
그들의 거두절미 때문은 아니리라

오늘도 아우슈비츠를 지난다
머리를 잘리고 지팡이를 빼앗겼다
절뚝거리며 몸통만 남아 구르고 또 구른다
한겨울 구들장을 덥히기 위해
죽은 참나무가 도끼질에 토막 나듯이
누구를 위한 가운데 토막으로 남아 있는가

나는 묻는다
걸어서 하늘까지 너는 갈 수 있는가

# 징검다리

짧은 생,
이 작은 개울을 훌쩍 날아갈 수 없다
까짓것 빠지면 바짓가랑이나 젖고 말 일인데
물살 바라보면 어지럼증이 난다
다리 가랑이 찢어지지 않을 정도만
어른도 아이들도 폴짝거리며 건너서 간다
얼마나 우스운 모습인가
징검다리 돌은 하나씩만 디딜 수 있는 법
미끄러질까 중심이 기우뚱거릴 때

참새 한 마리 찌익 똥을 싸며 그 위를 날아간다

# 폐사지에서

이제는 고사리 밭이 되어 버린 곳

두렁을 지나
곧 무너져 버릴 것 같은 삼층 석탑
서 있다

머리에는 화관도 쓰고
가슴께에는 풍경도 멋지게 달았던
어디서나 빛나고
경배하며 주위를 맴돌았던
마음 한 채

지는 해를 바라보며 서 있는 사람들 사이에서
가난보다 넓지 않은
몇 평의 폐허를 보았다
귀가를 서두르며 다시 오던 길 되짚을 때
긴 그림자는
석탑과 함께 그 자리에 남겨 두었다

# 세상의 중심

가까운 듯 멀고
먼 듯 가까운
이승과 저승의 어디쯤에
나는 서 있는 것이다
소요逍遙의 산 어디쯤에
뉘엿뉘엿 자리 잡은 비탈진 나무들
햇살이 꽂히는 곳이면
어디든 세상의 중심인 것을
나는 성급히 직선을 꿈꾸었다
아니면 너무 멀리 에둘러 돌아왔다
이빨 빠진 늙은 꽃들 웃는다
중심을 향하여 뿌리를 감추고
알록달록 나들이 왔다고
터진 발을 감춘다

# 참, 멀다

한 그루 나무의 일생을 읽기에 나는 성급하다
저격수의 가늠쇠처럼 은밀한 나무의 눈을 찾으려 하지만
그 누구에게도 창을 열어 보인 적 없는 나무
무엇을 품고 있기에 저렇게 둥근 몸을 가지고 있을까
한때 바람을 가득 품어 풍선처럼 날아가려고 했을까
외로움에 지쳐 누군가가 뜨겁게 안아주기를 바랐을까
한 아름 팔을 벌리면 가슴에 차가운 금속성의 금이 그어지는 것 같다
베어지지 않으면 결코 보이지 않는 시간의 문신
비석의 글씨처럼 풍화되는 법이 없다

참, 멀다
나무에게로 가는 길은 멀어서 아름답다
살을 찢어 잎을 내고 가지를 낼 때
꽃 피고 열매 맺을 때
묵언의 수행자처럼 말을 버릴 때
나무와 나 사이는 아득히 멀어진다

한여름이 되자 나무는 인간의 마을로 온다
자신의 몸에 깃든 생명을 거두어
해탈의 울음 우는 매미의 푸른 독경을
아득히 떨어지는 폭포로 내려 쏟을 때
가만가만 열뜬 내 이마를 쓸어내릴 때
나무는 그늘만큼 깊은 성자가 된다

# 꽃들은 달린다

사람의 몸으로 천사가 될 수는 없겠지만
하루의 몇 시간쯤 천사가 될 수는 있는 일
꿈이 깨지는 것보다 더 두려운 것은
아예 꿈을 꾸지 않는 일

두 평이 되지 않는 일터에서
꽃들은 달린다
운전석 옆 유리창 앞에
손톱만한 장미꽃이
뒷좌석 담벼락 틈새 같은 사이에는
백일홍이
내리고 타는 사람들과 눈을 맞추면서
하루 열 시간 이틀을 달리고
하루를 쉰다

달리는 시간보다
멈춰 서는 시간이 더 많은
택시 기사 윤병현 씨와

때로는 친구가 되고
때로는 손님이 되면서
당신도 꽃이 될 수 있다고
꿈을 가르쳐 준다

잠깐이라도 천사가 되고 싶다

## 폭죽

물 같은 사람과 불 같은 사람이 만나서
물 같은 사람은 자신이 불이라 여기고
불 같은 사람은 자신이 물이라 생각하면서
결국은 물과 불이 한 몸이라는 것을 깨닫기 위해
어느 평생이 필요할까
물이 불이 되려면 흐름을 멈추어야 하고
불이 물이 되려면 눈물을 배워야 할까
육신을 바꿔 입어도
아무도 알아채지 못하는
너는 전생으로 달려가고
나는 후생으로 뒷걸음치고
불꽃놀이는 깊은 밤 시작되었는지
꽃잎처럼 떨어지는 불꽃
그것을 온몸으로 받아 내는
조용한 강물의 흐느낌

# 제3부

# 옛사랑을 추억함

# 이방인

못을 친다
다 흘러가 버린 줄 알았는데
그래도 남은 이름이라도 걸어 두려는지
못을 칠 때마다 울음이 쿵쾅거린다
아직 견고하게 남은 벽이
그렇지 않으면 자꾸 뭉툭해져 튀어 오르는 못이
일으키는 시퍼런 안광
새들의 지저귐을 읽어 내지 못하면서
꽃들이 개화하는 고통을 듣지도 못하면서
막차를 타고 도착한 이 세상에서
너무 많이 떠들었던 것은 아니었는가
저기 기둥에 기대어 졸고 있는 노숙자에게
베개나 삼으라고
잠시 언 손 녹여 줄 불쏘시개나 하라고
그도 저도 아니면 밑씻개라도 하라고
못질 자국 선연한 손 대신 내미는
때 묻은 시집
생애만큼 가볍고 얇다

# 슈퍼맨

홀로 둥지를 지키고 있는 수놈 금화조에게
물 주고 모이 주고
사람 나이 칠십 넘은
그러나 나에게는 영원히 강아지인 번개
밥 주고 물 주고
몇 년째 꽃 피우지 않는 난 몇 촉
눈길 한 번 주고
8시 반 가까운 듯 먼 노모에게
일어나시라 전화 드리고
아침 공양이 끝나야
나는 그를 만나러 간다
말로만 슈퍼맨인 그는
전지전능한 육백만 불의 사내도
거미줄로 모든 것을 해결하는 스파이더맨도 아니며
쾌걸 조로처럼 멋있는 칼 솜씨도 없으면서
우상처럼 떠받들어 주기를 바라는
그는 늘 혼자다
혼자 밥 먹고 뒷길로만 다닌다

그도 어쩔 수 없이 늙는지 머리에 흰 눈 내리고
눈 어두워져 가끔 계단을 헛딛는다

그는 나다

# 지도책

땅거미 지는데
어머니, 지도책 달라신다
길눈이 어두워져
집으로 오는 길 죄다 잊어버리는데
개미꼬리만한 지명들을
밝게도 짚으신다

어디 가시게요 묻는 내가 어리석어
멋쩍게 고개 돌리면
어머니는 저만큼 세월 속에 묻혀 버린
마을을 향해 등 굽은 뒷모습을
팽팽해진 활시위에 얹고 있다

아직 태어나지 않은 길을
마음으로 열어 나가시는지
자주 눈시울을 닦아 내면서
재미있는 이야기책을 읽어 나가듯
지도책을 한 장씩 넘겨 갈 때마다

이 나이에

고아가 된다는 것이 문득문득

무서워진다

# 풍경

풍경 너머에 또 하나의 풍경은
눈물 걸치지 않으면 보이지 않는다
봄날 아스라이
한 마장쯤 걸어 들어가도 아늑할 그 품 속
손을 넣으면 완강한 벽 하나가
와르르 무너질 것 같다

휠체어에 몸을 기대어
노을 속으로 걸어가는 노인이
휠체어에 앉은 노파에게 나지막이 말한다
어머니, 이제 돌아가셔야 해요
날마다 아버지께 어머니 빨리 데려가시라고 기도해요
어머니도 아픈 것은 싫잖아요
이제는 나을 희망도 없는데
어머니 그만 돌아가셔야지요

풍경이 흔들릴 때마다

세월의 얼룩 같은
빛바랜 무늬들이
노파의 동공 속으로 나비 짓하며 날아드는 것을
꿈꾸듯 바라보고 있다

# 분리수거

자루 앞에 붙여진 팻말대로 넣어 주세요
유리병, 페트병, 깡통, 스티로폼, 플라스틱
무엇인가 담겨 있던 용기들이
미련 없이 버려지는 어느 하루
어디다 넣어야 할지 망설여지는 머릿속으로
불쑥 들어왔다가 황급히 빠져나가는 손
뭉클하게 가슴을 건드린다
병은 병대로 깡통은 깡통대로
자신이 태어났던 곳으로 돌아간다는 것이 재활용
인가
다시 불 속으로 던져져서 빈껍데기가 되기 위하여
어디로 실려 간다는 뜻인가

목이 졸린 자루들이 수상하다
서둘러 넥타이를 매는 어느 날 아침

# 약속

먼 길을 걸어온 사람에게
다시 먼 길을 돌아가라고 말하는 대신
나는 그의 신발에 입맞춤 하겠네
힘든 오르막길이었으니
가는 길은 쉬엄쉬엄 내리막길이라고
손 흔들어 주겠네

지키지 못할 것이기에
이루어지지 못할 것이기에
약속은 사전에 있는 것이네

그대가 왔던 길을 내가 갈 수는 없으니
돌아가는 것도 그대의 수고라고 말한다면
얼마나 서운할까
그래도 보일락 말락 그만큼 거리에서
그대에게 할 말이 있네
들릴락 말락
꽃이 피었네

# 그림자놀이

미안하다 초대 받지 않았지만
나는 이곳에 왔다
내 자리가 없으므로
나는 서 있거나 늘 떠돌아야 했다
가끔 호명을 하면 먼 곳의 나무가 흔들리고
불빛이 가물거리다가 흐느끼듯 꺼지곤 했다

그림자는 우울하다
벗어 버린 옷에는 빛이
빚으로 남아 있어 얼룩을 지우지 못한다

미안하다 나는 내가 그립다
내 몸의 바다가 떠나고
소금이 될 때까지

# 창

창을 갖고 싶었다. 처음에는 손가락으로 구멍을 내고 그 틈으로 하늘을 보았다. 아니 처음에는 길고 높은 벽이 보였다. 그 벽에 다시 구멍을 내자 하늘은 실핏줄 같은 강 내음으로 다가왔던 것이다.

마음의 창에 가득 번져 오르던 울음 빛은 흘러가야만 보인다 창과 구멍을 구별하지 못한 것이 죄가 될까. 세상이 점점 넓어지고 커질수록 병도 따라 깊어갔다. 상처가 구멍이었다. 더 이상 상처가 아물 수 없을 만큼 커졌을 때 나는 창이 되었다. 나는 더 이상 몸을 가질 수 없었다.

# 눈빛으로 말하다

떠나 보지 않은 사람에게
기다려 보지 않은 사람에게
손아귀에 힘을 주고 잔뜩 움켜쥐었다가
제 풀에 놓아 버린 기억이 없는 사람에게
독약 같은 그리움은 찾아오지 않는다

달빛을 담아 봉한 항아리를
가슴에 묻어 놓고
평생 말문을 닫은 사람
눈빛으로 보고
눈빛으로 듣는다

그리움은 가슴속에서 피어나는 꽃

그저 멀기만 하다
멀어서 기쁘다

## K

아침 여섯 시 선잠에서 깨어난 그는 악몽을 벗는다
가끔 자신이 매일 죽는 사람이라는 것을 잊어버리고
어제의 허물을 벗지 못한 날은
지나가는 행인 1도 아니고
짚신 신고 화살 맞고 쓰러진 포졸도 아닌 채로
하염없이 정류장에서 대기 중이다
가슴에 일련번호를 단 버스들은 어디론가
시간이 그러하듯이 그를 부려 놓겠지만
쉽사리 그는 결정하지 못할 것이다
가야 하는데, 무엇이 되어야 하는데
깨지 않는 악몽을 벗지 못한 날은
광화문 흥국생명 앞에서 그는
어김없이 망치질하는 사람이다
세게 내려칠수록 깨지지 않는 안개 혹은
허공을 향한 헛손질
그는 내일을 꿈꿔 본 적이 없다

## 옛사랑을 추억함

나에게도 그런 일이 있었나
꽃피고 바람 불고 속절없이 죄다 헐벗은 채로
길가에 서 있었던 때가 있었나
이제는 육탈하여 뼛조각 몇 개 남았을 뿐인데
얇아진 가슴에 돋아 오르는
밟을수록 고개 밀어 올리는
못의 숙명을 닮은 옛사랑이여
나는 아직 비어 있는 새장을 치우지 않은 채로
횃대에 내려앉은 깃털과
눈물 자국을 바라본다
작은 둥지에는 무모했던, 무정란의
꿈의 껍질 그대로
이제는 치워야지 하면서
또 누군가를 감금하기 위하여
시간을 사육하고 있다
덫인 줄 모르고 내 가슴에 내려앉으려면
튼튼한 날개가 필요하다
한번 날아오르면 별이 된다고

죽어야 별이 된다고
눈물의 망원경은 막막하게
허공을 조준하고 있다

## 사랑해요

당신이 듣고 싶은 말
내가 하고 싶은 말
그러나 그 말은 너무 멀리 있네
단 하나의 침으로 허공을 겨누고
밤하늘 별들이 파랗게 돋아났으나
꿀벌은 지상으로 떨어져 내려
이제는 슬픔도 늙어 가슴을 잃었네

우두커니 한 사람 정류장에 서 있으나
버스는 오지 않는다

걸어라
빙하기의 지층 속으로
죽고 썩어 발화를 기다리는
석탄의 하늘을 향해
걷고 걸어라

그 말이 그립다

살아 있다고 파닥거리는
날갯짓
영혼 속에 손을 넣으면
아득하게 물컹거리는
그 말
그 말의 체온

# 말 배우기

세 살배기 유빈이가 한창 말을 배운다
봄 나무에 잎 돋아나듯
허공을 휘어잡는 가지처럼
단어가 늘고 문장이 이어진다
아, 예뻐라
곰도 알고 여우도 알고 나무도 알아
한 팔로 번쩍 안아 밤하늘을 보여 주니
달도 가리키고 별도 안다

조금 있으면 숲도 알고 하늘도 알고
말 속에 숨어 있는 슬픔도 배우게 되겠구나

언제일까
이것과 저것을 가르고
좋고 나쁜 것을 가르쳐야 할 텐데
일급수 맑은 눈빛과 마주칠 때
세상을 너무 돌고 돌아
희미해지고 낡아 버린 내 눈이 너무 어두워

말문을 닫아 버린다

문장을 지운다

# 한 아름

왼 손과 오른 손이 닿으면
보이지 않는 원이 하나 생깁니다
찬밥 한 덩이 얻어 들고
두 손 안에 감쌌던 밥그릇
그만큼 자라고 또 자라
이 세상에 쿵쾅거리는 심장이
또 있다는 것을 처음 알게 된
한번은 누구나 얼싸안았던 그가 떠나고
떠나지 않고 기다려 주는 나무의 체온을
느낄 때도 그러하였으나
이제는 두 팔을 뻗어 깍지 낀 손
텅 빈 밥 그릇
한평생 배운 허기가 가득합니다
한 아름
이 아득하고 미쁜
기도하거나
가슴께로 모아지는 이 말의 반지름은
눈물 한 방울

## 천 원의 행복

만약이 아니라 정말로 주머니 속에는 천 원 지폐 한 장뿐이었다. 푸르렀으나 가볍고 불온했던 청춘의 얄팍한 가슴처럼 구겨진 천 원으로 무엇을 할 것인가. 내가 타야 할 버스는 몇 마장 걸어가야 만날 수 있는데, 버스 삯이 천 원인데, 세월은 일방통행 편도일 뿐인데. 마지막 남은 몇 장의 낙엽이 로또처럼 떨어져 내렸다. 실망은 잠깐이고 설렘은 오래가는가, 꽃보다, 열매보다 낙엽은 아름답다. 봄부터 가을까지 수고를 마다하지 않은 저 손, 제 몸 마를 때까지 열심히 한 그루 나무를 위해 헌신했던 버림받음. 청춘은 갔으나 내 가슴에는 천 원 지폐 같은 로또가 수북이 쌓여 있었다.

제4부

# 봄의 가면

# 봄날
— 하회마을의 기억

가슴께로 스쳐 닿을 듯하여
아득한 담장을 따라
넘을 듯 말듯 찰랑거리는 꽃울음을 훔쳤다

창공을 박차 오르는 그네는
눈빛으로도 담장을 넘지 못하고
봄날은 그렇게 갔다

규방은 깊어 토닥거리는 분 냄새
다듬이질 소리에 절로 배이고
앵두나무는 우물가에 심고
담에 기대어 매화는 아직도 붉다 하였다

# 싹에 대하여

굳지 않은 땅을 골라서
지상으로 돋는 싹은 없다
머리로 딱딱한 천정을 몇 번이고
부딪고 또 부딪치면서
이윽고 물러지고 틈이 난 곳으로
머리가 솟는 순간부터
다시 싸움은 시작되는 것이다
아무도 초대하지 않은 이곳은 어디인가
아무도 호명하지 않은 또 나는 누구인가
태어나는 순간부터
바람과 비를 배우고
햇빛에 순종하는 버릇을 잊어 본 적 없는
그럴수록 검붉은 대지와 멀어지는 당혹감으로
나는 자주 흔들리고
흔들리면서 뿌리가 궁금해진다
이 지상의 나 말고
불러도 대답할 수 없는
이름도 붙여지지 않은 또 하나의 나

태어난 죄로

못질 소리 요란히 들리는 기억의 저편

# 사이

사랑꽃은 일 년 내내 핀다
땅에다 수없이 머리를 조아릴 뿐

난초는 몇 년에 한 번 은은한 향을
하늘에 바친다

적막을 자르는 비수처럼
초록은 날카롭다

사랑꽃과 난초
그 사이에서
평생을 헤매다
배운 말

뚝!

# 봄의 가면

마음껏 안으라는 말을 믿어서는 안 된다
분명 앞에 있는 듯싶었는데
한 걸음 내딛을 때 서늘해지는 등 뒤
서걱거리는 소리에 뒤돌아보아서는 안 된다
뛰어내릴까 말까 망설여지는 벼랑 앞에서
배후의 유혹을 느끼게 되지만
걸어온 생은 이미 막막한 사막의 물결에 덮여
널름거리는 바람의 혀에 문장을 바꾸고 있다
양파를 까며 눈물 흘리듯
가면을 벗기다 가는 봄
웃음을 벗기면 슬픔의 속살이 보이고
슬픔을 벗겨 내면 또 어떤 얼굴이 돋아 오를까
마지막 한 장의 가면은 남겨 두기로 한다
시간과 겨루고 싶은 꿈을
버리고 싶지 않기 때문이다

# 예감

앞마당 목련은
목젖까지 환히 들여다보이게 웃다
떨어지고
뒤뜰 목련은 이제야
가슴을 부풀리고 있는 중이다
피고 지는 선후가 무슨 문제이랴
우주와 몸 섞는 오르가슴 한 번이면
미련은 없다

태어나서 죽을 때까지
사람은 꽃인데
그걸 모른다
오르가슴을 모른다

# 모란꽃 무늬 화병花甁

한겨울

낟알 하나 보이지 않는

들판 한가운데

외다리로 서서 잠든 두루미처럼

하얗고 목이 긴

화병이 내게 있네

영혼이 맑으면 이 생에서

저 생까지 훤히 들여다보이나

온갖 꽃들 들여다 놓아도

화병만큼 빛나지 않네

빛의 향기

온몸에서 뿜어져 나오는

구문 반의 발자국 소리

바라보다 바라보다 눈을 감네

헛된 눈길에 금이 갈까 봐

잠에서 깨어 하늘로 멀리 날아갈까 봐

저만큼 있네

옛사랑도 그러했었네

## 제멋대로, 적당하게

사방팔방으로 천 개의 팔을 가진 길도
밤이 되면 서서히 봉오리를 오므려
집으로 돌아간다

꼬리를 감추는 짐승처럼
잔뜩 어둠을 머금어 팽팽해진 산속으로
차곡차곡 발자국 소리 쌓여 가고
문득 더 이상 나아갈 수 없는
적막한 그대 앞에 섰을 때
그믐으로 가는 달의 웃음이 스며 오르고 있었다

부드럽고 창백한
흰빛도 아니고 노오란빛도 아닌
온몸을 바위에 으깨며 소리치는 물의 그림자가
화병에 차오르면서
꽃으로 피어나는 것을 보았다

쑥부쟁이 달개비꽃 한 송이도

제멋대로
적당하게 파는 법은 없다고
혼신의 힘을 다하여
말하지 않은 긴 혀와 같은 길은
어제의 그 길이 아니라고
밤새 산은 산통으로 고요하였다

# 황사 지난 후

눈길이 머무르는 곳
멀다
손길이 가 닿는 곳
이제는 멀다

아침이면 알게 되리라
밤새 창문에 머리 부딪치며 외우고 또 외웠던
경전의 마디 다 부질없었음을
그것이 아무도 살지 않는 사막에서 온 것임을
그 가볍고 가벼운 것이 우리의 눈을 감게 만들고
다시 한 번 세월의 더께를 거두게 하는 것을

꽃에 유황 냄새 가득하다

# 바람 옷

직각으로 떨어지는 햇살과
투명하다 못해 깨질 것 같은 옥빛 하늘이 만나면
사막이 되지
사막이 키우는 애비 없는 바람은 저 홀로 울음을 배워
갈 길을 잃은 사람의 옷이 되지
혼이 되지
가끔 꽃 피는 기색에 온 몸을 떠는 밤이 지나고
무거워진 바람의 무늬만 떨어져
전갈의 눈물은 열병과 오한으로 한 생애를 증명하지
나보다 덩치가 큰 슬픔의 허물
바람 옷 속에서 돋아나는 선인장의 백 년 묵은 꿈

나는 아직 태어나지 않았다

# 불의 산
— 민둥산 억새

긴 문장 하나가 산을 오른다
꼬리에 꼬리를 문 맹목의 날들처럼
검은 상복의 일개미들의 행렬처럼
발자국들 눌리고 덮이며 수직으로 서려는 탑인 듯
길은 꿈틀거린다
고독한 여행자 같은 가을이 느릿느릿
산의 몸을 더듬을 때마다 식은땀을 흘리는 숲을 지나서
이윽고 다다르는 불의 산
긴 문장은 품사를 버리고 하늘을 우러른다
사랑을 잃은 척박한 가슴이 저럴까
막 날개가 돋은 새들이 비상하기 전에 내지르는 으악 소리가
추억을 태울 때 드러나는 하얀 불길 같다
쉬익 쉬익 능선을 타고 달려온 말 무리들
어둠별을 닮은 사람들이 저마다의 씨앗을 날리기 위하여
기꺼이 바람 맞으러 왔다
혹은 돌아가지 않기 위하여 길은 스스로 몸을 버렸다

# 느리게

우체국은 산속 저물녘에 있다
이 가을에 나는 남루한 한 통의 편지
산길 초입 그리고 저물녘에서
느릿느릿 우체국을 찾아간다
블랙홀처럼 황홀한 어둠
문득 아찔한 절벽 위에 몸을 가눌 때
바위에 온몸을 부딪치고
으깨어지면서 물은
맑고 깊어지는 흩날리는 꽃잎이다
바람은 또 이렇게 깊은 산에 들어야
솔 내음을 품어낼 수 있는 것
이 가을에
우체국 소인이 찍히지 않은 사람은
아무도 없다

# 허물

깃발이었다
겨울이 되어야 완강해지는
나무의 팔뚝 위에
하얗게 빛나며 흔들리는
함성을 지운 깃발이었다

저 높은 나무를 기어올라
허물을 벗은 뱀은 어디로 갔나
수없이 허물을 벗겨 내어도
얼룩진 문신처럼 지워지지 않는
주름과 주름 사이에 끼어 돋아나는
몸의 슬픔
결코 가볍지 않을 터인데

발자국을 남기지 않는 짐승은 위험하다
느닷없이 밧줄로 휘감기는
바람도 뱀의 허물임이 틀림없는데

울고 있는데 웃지 말라고

내 입을 봉하려는 너는 누구냐

# 묵념

이제 막 나뭇잎들을 떨구어 내는
나무 아래서 담배를 입에 문다

오전에는 논리를 가르치고
점심 먹고 예를 가르쳤다

저 나무 적당히 몸을 휘고
바람은 발자국 남김없이 저만큼 간다

발밑에 금세 수북한
낙엽들
논리와 예를 비웃는다

다 같이

묵념!

# 나무

단 하나의 기둥 위에
단 하나의 깊고 단단한
하늘을 얹기 위해
나무는
수많은 주석을
눈물 대신 달아 놓았다

## 눈은 어떻게 내리는가

눈 눈 눈 이렇게 내리다가
곡 곡 곡 이렇게 내리다가
눅 군 녹 이렇게 내리다가
아프지 않게 둥글게

아가의 옹알이가 되어 버린다

# 거꾸로 읽는 경전, 문장

조 영 미
(시인 · 문학평론가)

## ■ 꽃에서 태어난 말[言]

우리는 모두 꽃의 문을 열고 이 세상에 나온다.

당신은 이 세상에 나와 처음으로 했던 말을 기억하는가. 어머니의 몸을 빌어 세상에 존재할 이유를 얻게 된 당신이 주위의 수많은 대상을 향해 호기심 어린 시선을 던질 때, 당신의 어머니는 그 자리에서 당신의 눈높이로 말을 건넸다. 당신의 옹알이를 사람의 언어로 알아듣고 그 말에 대꾸해 주던 어머니의 첫말, 그 말을 기억하는가. 또한 어머니의 뱃속에서 어머니의 몸으로 보고, 듣고, 먹고, 냄새 맡았던 그 수많은 경험을 기억해 낼 수 있겠는가. 어머니의 꽃문을 열고 나와 당신이 터트렸을 첫울음, 아마도 당신은 그것을 기억하지 못할 것이다. 당신의 옹알이가 언어의 기호로 바뀌는 순간, 당신은 어머니에게서 멀어지기 시작했을 것이고, 당신은 당신의 정체성을 찾아 끊임없이 세상과 대면해 왔을 터다.

많은 시간이 흘러 당신은 당신의 눈높이로 당신의 아이와 눈을 맞추고, 당신의 어머니가 했었을 첫말을 당신의 아이에게 건네기 시작한다. 그리고 당신의 아이는 당신이 그랬던 것처럼 세상과 대면하며 또 다른 당신의 아이에게 말을 건넨다. 우리가 기억하지 못하는 첫말은 그래서 나이가 들고 나서야 알게 된다. 아니, 깨닫게 된다. 꽃에서 태어난 말[言]이 당신의 미래(어머니)이며 당신의 과거(아이)라는 것을.

이 세상의 모든 말들은
꽃에서 태어나서 가슴에서 죽는다
어리석은 사람은 말을 가르치지만
그래서 침묵을 배우는 일은 더디고 힘든 일

—「파문」 일부

"꽃에서 태어나서 가슴에서 죽는" 우리네 삶은 누군가의 기억에 의해 다시 살아진다. 육체의 현존은 유한하므로 영원한 시간을 함께할 수 없다. 그러나 당신과 더불어 영원할 수 있으려면 당신의 기억 속에 함께 머물러야 한다. 그러기 위해, 우리는 대상과의 관계 맺음을 무엇보다 소중하게 생각한다. 알다시피 관계 맺음은 일방적인 것이 아니다. 이는 쌍방의 신뢰와 사랑을 전제로 하기 때문에 어느 한쪽의 무조건적인 희생은 고통스럽기 마련이다. 그래서 선부르게 "말을 가르치"는 것이 아니라 "침묵을 배우는 일"을 먼저 해야 한다. 흔히 말은 그 자체로 생명력을 갖고 있다고 한다. 입 밖으로 던져진 순간 그것은 '독'이 될 수도 있고, '약'이 될 수도 있다(「독과 약, 또는 독약」). 그러므로 '독+약'의 중량을 제대로 가늠해야 말은 비로소 제 말 뜻이 된다. "그래서 침묵을 배우는 일은 더디고 힘든 일"이 될 수밖에 없다.

말과 침묵 사이, 우리는 그 행간에 숨겨진 수많은 이야기를 나호열의 이번 시집에서 읽어 낼 수 있다. 주지하는바 나호열의 시를 관통하는 핵심 기저는 '사랑'에 있다. 그의 시집에서 흔히 만나게 되는 그리움이며 외로움, 슬픔 등은 말하기와 침묵 사이의 경계를 넘나들며 독자의 감수성을 자극해 왔다. 그렇기 때문에 시집 『눈물이 시킨 일』은 말과 침묵 사이의 '사랑'을 어떻게 읽어 가느냐에 따라 감동의 진폭이 달라진다.

### ■ 눈물이 시킨 일, 경전의 말

말[言]하는 것과 침묵 사이에는 많은 이야기가 함축되어 있다. 시에서 여백의 의미를 중요하게 여기는 것처럼 '~사이'는 시적 상상력을 요구한다. 이것과 저것 사이, 이쪽과 저쪽, 처음과 끝의 사이 등등 나호열의 시적 화자는 늘 '~사이'의 경계선 안팎을 아우르고 침묵의 말없음을 괄호로 묶는다. 예를 들어 "우리는 짧은 해를 기억하지 못했"(「무지개는 밤에 뜨지 않는다」)다거나 "한때는 불이었고 꽃이었던" "불꽃"(「불꽃」)이거나 "벌준 사람은 없는데/ 스스로 벌 서는// 추억의 힘!"(「추억하는 소」)이라거나 "제 몸을 묶은 나무"(「말의 습성」), 그 외의 수편의 시적 화자는 시비곡직是非曲直을 말하지 않는다. 그것이 있기에 이것이 있고, 이것이 있기에 그것이 있다고 말한다. 언뜻 보면 말장난처럼 보이지만 사실 우리네 삶이 그렇다. 나의 중심이 어느 쪽에 있느냐에 따라 대상의 실체는 다르게 인식된다. 그래서 불교에서는 비유비무非有非無, 즉 중도中道를 설파하고 있지 않은가.

> 한 구절씩 읽어 가는 경전은 어디에서 끝날까
> 경전이 끝날 때쯤이면 무엇을 얻을까
> 하루가 지나면 하루가 지워지고
> 꿈을 세우면 또 하루를 못 견디게
> 허물어 버리는,
> 그러나
> 저 산을 억만년 끄떡없이 세우는 힘
> 바다를 하염없이 살아 요동치게 하는 힘
> 경전은 완성이 아니라
> 생의 시작을 알리는 새벽의 푸르름처럼
> 언제나 내 머리맡에 놓여 있다
> 나는 다시 경전을 거꾸로 읽기 시작한다
> 사랑이 내게 시킨 일이다
>
> —「눈물이 시킨 일」 전문

경전經典은 우리네 삶의 변하지 않는 법도度法와 양식樣式을 아우르는 말이다. "생의 시작을 알리는 새벽의 푸르름처럼" 우리는 경전에 쓰인 성현聖賢의 말씀에 귀 기울이며 그들의 흔적을 더듬는다. 그런데 경전에 씌여진 수많은 이야기는 우리에게 어렵게 느껴진다. 아니, 머리로는 이해하지만 실생활에서 그것들을 실천하기란 여간 힘든 일이 아니다. 순간순간 마음의 움직임을 알아차려야 하고 그 알아차림마저 내려놓아야 한다. 또한 우리가 어떻게 살아야 하고 무엇 때문에 고통 받고 있는지 그리고 궁극엔 무엇으로부터 해탈해야 하는지를 경전은 말하고, 말한다. 그 말은 "경전이 끝날 때"까지 지속 되며 모든 것은 있음과 없음이라는 공空으로 귀결된다. 그래서 "경전은 완성이 아니라" 매순간 지속되는 미완성의 완성이라 할 수 있다. 이러한 의미에서 『눈물이 시킨 일』은 완성과 미완성의 과정에 있는 하나의 실천 행위인 셈이다.

"다시 경전을 거꾸로 읽기 시작"한 화자에게 "사랑이 내게 시킨 일"은 삶의 고행이다. 주목할 것은 시의 제목으로 쓰인 '눈물'과 화자가 말하는 '사랑'이 '내게 시킨 일'이라는 점이다. 사랑과 눈물 사이에는 경전을 거꾸로 읽는 행위가 있고, 이 행위는 "꿈을 세우"고 "허물어 버리는" 일로 모아진다. 그렇다면 '사랑'과 '눈물'은 왜 이러한 "일"을 시키는 것일까.

> 말하자면 무턱대고 우리가 세상에 내린 것처럼
> 정류장에서 한참을 걷다 보니 입산을 결심했던 것
> 길에는 바름과 그름이 없으므로
> 산길이 시작되는 곳까지 따라온 공동묘지는
> 덧없는 시간의 비석에 불과했다
> 그러니까 그 산에는 절이 없었다
> 바다가 한눈에 보이고

돌아서면 산이 가로막았던 곳
나는 발목을 묻었다
고요히 절간이 되어 가기로 한 것은 아니었으나
용케 허리가 휘지 않은 것은 저 채찍질
산과 바다 바람이 밤낮으로 나를 후려쳤기 때문이다
새가 날아와서 잠시 머물렀으나 집은 아니라 했고
산꾼들도 고단한 등허리를 내밀지 않았다
독야청청은 내가 바란 바는 아니었으나
맞은 매만큼 독이 올랐다
그대들은 모른다
날름거리는 혀가 겨냥하는 푸른 하늘
똬리를 튼 채로 허물을 벗으려 안간힘 쓰는
서서 우는 뱀의 꿈을 해독하지 못한다
속이 텅 빈
저 소나무

—「저 소나무 - 제주도 기행 · 7」 전문

이 세상에 꽃문을 열고 나온 것은 나의 순수의지가 아니다. "말하자면 무턱대고 우리가 세상에 내린 것" 이다. "길에는 바름과 그름이 없" 다고 화자는 말하지만, 기실 우리가 사는 세상에는 이분법적 사고가 너무나도 팽배해 있다. "덧없는 시간의 비석에 불과한" 우리네 삶은 세상 살아 내기라는 혹독한 "채찍질" 을 편리하게 견뎌 내는 방법을 터득한다. 이것과 저것, 이쪽과 저쪽, 처음과 끝의 하나를 선택해야만 세상은 살아가기가 수월하다. 화자의 말처럼, "먹고 먹히되/ 승자와 패자가 없는 곳/ 서로가 서로의 양식으로/ 몸을 내어주는 곳/ 값싼 동정의 눈물이 조금도 용납되지 않는 곳" 이란 "인화

되지 않는 꿈의 이면”(「세렝게티의 추억」)에 불과하다. 반드시 먹어야 하고, 승자가 되어야 하며 나의 양식은 나를 위해 있어야 한다.

그러한 세상에서 “인화되지 않은 꿈”과 “서서 우는 뱀의 꿈”은 「세상의 중심」이 되는 일이다. 즉 “이승과 저승의 어디쯤에”서 세상의 중심으로 “뽑히기를 평생 바랐으나”, “수많은 군중 속 하나에 불과한 것이”(「고사리 꺾기」) 지금의 화자이다. 그래서 화자는 말한다. “나는 성급히 직선을 꿈꾸었다”고. “햇살이 꽂히는 곳이면/ 어디든 세상의 중심인 것을” 화자는 “베어지지 않으면 결코 보이지 않는 시간의 문신”(「참, 멀다」)을 보고 나서야 깨닫는다. “독야청청은 내가 바란 바는 아니”였지만, 그로 인해 “맞은 매 만큼 독이 올랐”었음을. “속이 텅 빈/ 저 소나무”의 몸을 통해 “날름거리는 혀가 겨냥하는 푸른 하늘”이 무엇인지, “서서 우는 뱀의 꿈”이 무엇인지, 화자는 “똬리를 튼 채로 허물을 벗으려 안간힘”을 써 왔던 것이다.

> 사람의 몸으로 천사가 될 수는 없겠지만
> 하루의 몇 시간쯤 천사가 될 수는 있는 일
> 꿈이 깨지는 것보다 더 두려운 것은
> 아예 꿈을 꾸지 않는 일
>
> (…중략…)
>
> 달리는 시간보다
> 멈춰 서는 시간이 더 많은

택시 기사 윤병현 씨와
때로는 친구가 되고
때로는 손님이 되면서
당신도 꽃이 될 수 있다고
꿈을 가르쳐 준다

잠깐이라도 천사가 되고 싶다

―「꽃들은 달린다」 일부

꿈은, 꿈을 꾸는 자에게만 있다. 그러므로 "꿈이 깨지는 것보다 더 두려운 것은" "꿈을 꾸지 않는 일"이다. 우리는 꿈의 크기나 질량을 잴 수가 없다. 누군가에게는 보잘것없는 꿈일지라도 나에게는 세상 그 무엇과도 바꿀 수 없는 소중한 것이다. "택시 기사 윤병현 씨와" "친구가 되고" "때로는 손님이 되면서" 화자는 "당신도 꽃이 될 수 있다"는 "꿈을 가르쳐 준다". 그리고 "잠깐이라도 천사가 되고 싶"다는 화자의 꿈을 말한다. 종교적 신화에서 천사는 인간 세계에 파견된 중재자이다. 신의 뜻을 인간에게 전하고 인간의 바람을 신에게 전하는 사자使者가 바로 천사이다.

시인이 그렇다. 하늘과 땅을 이어 주는 현 세상의 천사는 다름 아닌 시인이다. 화자는 "사람의 몸으로 천사가 될 수는 없겠지만/ 하루의 몇 시간쯤 천사가 될 수" 있다는 꿈을 시를 통해 실현하고자 한다. 그러나 현실의 시인은 "전지전능한 육백만 불의 사내도" 아니며 "스파이더맨도 아니"다. 그렇다고 "쾌걸 조로처럼 멋있는 칼 솜씨도 없다". 그저 "혼자 밥 먹고 뒷길로만 다" 니는 "어쩔 수 없이 늙"(「슈퍼맨」)어 가는, "이 나이에/ 고아가 된다는 것이 문득문득/ 무서워"(「지도책」)지는 한 인간일 뿐이다. 그렇다면 꿈과 현실의 괴리 사이에서 시인이 할 수 있는 일이란 무엇이겠는가. 바로 "꿈을 세우"고 "허물어 버리는" 시詩 쓰기이다. 그리고 그 일은 '사랑'과 '눈물'이 화자에게 시킨 거룩한 일이다.

■ 경전과 문장 사이

나호열의 '사랑'과 '눈물'의 시 쓰기는 시인의 지나온 생을 다시 더듬어 가는 일이기도 하다. 그는 이번 시집에서 '밀(시) = 사람(문장) = 경전' 임을 말하고자 한다. 경전이란 결국 사람의 이야기이고, 사람이 어떻게 살아가야 하는지를 묻는 말이기도 하다. 사람에 의해 쓰여진 쓴 경전이 사람을 만들어 가고 이는 계속되는 순환을 통해 참된 나를 찾아가는 과정을 필요로 한다. 그리고 그 과정에는 '사랑'과 '눈물'이 켜켜이 쌓여 가기 마련이다.

강가에는 왜 갔노
죽을라꼬 갔드나 니 없는 하루하루가 지옥이더라
물속으로 들어가지 마래이
니 없으니 내사 살맛 안 난다
죽지 마래이
내 아프로 잘할 끼다 증말이다 아프로 아프로

니 맘 안 아프게 할 끼다
퍼뜩 오니라 사랑한데이

—「울퉁불퉁 씨氏」 일부

"쌀 한 가마를 두 손으로 번쩍 드는/ 울퉁불퉁 씨"의 "이두박근 삼두박근"은 "울음보따리"에 의해 만들어진 것이다. 오랜 시간 함께했던 어머니의 휠체어를 밀며 화자는 말한다. "어머니, 이제 돌아가셔야 해요/ 날마다 아버지께 어머니 빨리 데려가시라고 기도해요/ 어머니도 아픈 것은 싫잖아요/ 이제는 나을 희망도 없는데/ 어머니 그만 돌아가셔야지요"(「풍경」)라고. 그 풍경은 "눈물 걸치지 않으면 보이지 않는" 아픔이다. 아니 직접 체험해 보지 않으면 알 수 없는 고통이다. 화자는 "퍼뜩 오니라 사랑한데이"라는 어머니의 사랑을 알고 있으며, "내 몸에 잠들어 있던 아버지가/ 새살처럼 돋아"(「종점의 추억」) 오르는 이유도 알고 있다. 그래서 "걸레가 없다면/ 지난밤의 얼룩과 더러운 눈물을/ 누가 지울까/ 그리하여 이 말은 욕이 아니다// 걸레 같은 놈!"(「거룩한 환생」)이라고 감히 말할 수 있는 것이다.

당신이 듣고 싶은 말
내가 하고 싶은 말

(…중략…)

그 말이 그립다
살아 있다고 파닥거리는

날갯짓
영혼 속에 손을 넣으면
아득하게 물컹거리는
그 말
그 말의 체온

―「사랑해요」 일부

화자가 듣고 싶고 하고 싶은 말은 "살아 있다고 파닥거리는/ 날갯짓" 즉, '사랑해요' 이다. 그것이 부모 자식 간의 사랑이든, 이성 간의 사랑이든 사랑이라는 말에는 수만 가지의 느낌이 있다. 그 느낌은 사람을 살고 싶게 만들기도 하고, 죽을 만큼 고통스럽게 만들기도 한다. 그래서 화자는 "세 살배기" 손녀딸이 말을 배우는 모습을 보면서 "말 속에 숨어 있는 슬픔"을 걱정하며 "말문을 단"고 "문장을 지운다".(「말 배우기」) "말의 체온"을 느끼려면 "슬픔도 늙어" 가는 사랑의 힘임을 알아야 한다. "평생을 헤매다/ 배운 말"이 "뚝!"(「사이」) 하고, 살아 파닥거리는 말로 전해져야 한다. 그랬을 때 "수많은 주석을/ 눈물 대신 달아 놓"(「나무」)은 나무의 슬픈 사랑 이야기에 "길은 스스로 몸을 버"(「불의 산」)릴 수 있다.

긴 문장 하나가 산을 오른다
꼬리에 꼬리를 문 맹목의 날들처럼
검은 상복의 일개미들의 행렬처럼
발자국들 눌리고 덮이며 수직으로 서려는 탑인 듯
길은 꿈틀거린다
고독한 여행자 같은 가을이 느릿느릿

산의 몸을 더듬을 때마다 식은땀을 흘리는 숲을 지나서
이윽고 다다르는 불의 산
긴 문장은 품사를 버리고 하늘을 우러른다
사랑을 잃은 척박한 가슴이 저럴까
막 날개가 돋은 새들이 비상하기 전에 내지르는 으악 소리가
추억을 태울 때 드러나는 하얀 불길 같다
쉬익 쉬익 능선을 타고 달려온 말 무리들
어둠별을 닮은 사람들이 저마다의 씨앗을 날리기 위하여
기꺼이 바람 맞으러 왔다
혹은 돌아가지 않기 위하여 길은 스스로 몸을 버렸다

—「불의 산 - 민둥산 억새」 전문

「불의 산」의 화자가 바라보는 것은 가을 산을 타는 사람들의 행렬이다. "어둠별을 닮은 사람들"이 날리는 "씨앗"을 보며 화자는 "긴 문장"의 "척박한 가슴"을 생각한다. 이렇게 사람을 하나의 "긴 문장"으로 읽을 수 있는 것은 나호열만의 독법인 듯하다. 한 사람의 생애를 책을 읽듯 바라볼 수 있는 능력, 그것은 시인이기에 가능한 일이다. 사람이 하나의 긴 문장이 되고, 그 문장은 말이 되어 수많은 사람들에게 읽힌다. 그러므로 시집 『눈물이 시킨 일』은 '말(시) = 사람(문장) = 경전'에 관한 시이며 "햇빛에 순종하는 버릇을 잊어 본 적 없는" "이름도 붙여지지 않은 또 하나의 나"(「싹에 대하여」)를 위한 시집이다. 또한 "내일을 꿈꿔 본 적이 없"는(「K」) 사람들을 위한 시집이기도 하다. 그러니 시집 『눈물이 시킨 일』을 거꾸로 읽어 보면 어떨까. 거꾸로 읽다 보면 우리도 시인이 읽어 낸 문장의 생애를 '사랑'하게 될지도 모른다.